Alphabet
encyclopédique
et religieux
1854

1719

ALPHABET
ENCYCLOPÉDIQUE
ET RELIGIEUX

LETTRES MAJUSCULES ROMAINES

A B C D E F G H
I J K L M N O P
Q R S T U V X Y Z

LETTRES MINUSCULES ROMAINES

a b c d e f g h i
j k l m n o p q r
s t u v x y z

LETTRES MAJUSCULES ITALIQUES

A B C D E F G
H I J K L M N O
P Q R S T U V
X Y Z

LETTRES MINUSCULES ITALIQUES

a b c d e f g h i
j k l m n o p q r
s t u v x y z

LETTRES MAJUSCULES ORNÉES

A B C D E F G H I
J K L M N O P Q R
S T U V X Y Z

DE LA FORMATION

DES SYLLABES

SYLLABES DE DEUX LETTRES

ba, be, bi, bo, bu | ma, me, mi, mo, mu
ca, ce, ci, co, cu | na, ne, ni, no, nu
da, de, di, do, du | pa, pe, pi, po, pu
fa, fe, fi, fo, fu | ra, re, ri, ro, ru
ga, ge, gi, go, gu | sa, se, si, so, su
ha, he, hi, ho, hu | ta, te, ti, to, tu
ja, je, ji, jo, ju | va, ve, vi, vo, vu
ka, ke, ki, ko, ku | xa, xe, xi, xo, xu
la, le, li, lo, lu | za, ze, zi, zo, zu

SYLLABES DE TROIS LETTRES

Air, arc, bas, bât, bac, bal, bec, bol, col, coq, cor, hie, lis, lit, mât, mur, nez, nid, oui, oie, peu, pie, pin, roi, riz, rat, sac, son, sud, sec, ses, soc, suc, tac, tan, tic, van, vas, ver, vœu, vie, vin, vol.

SYLLABES DE QUATRE LETTRES

Banc, bœuf, bouc, bras, broc, cerf, char, chat, clef, cour, cœur, coin, cors, daim, dais, dent, doit, four, gant, geai, gond, gris, juif, loup, luth, main, mois, nain, nœud, noix, prix, pois, perd, peau, veau.

SYLLABES DE CINQ LETTRES

Blanc, bluet, bruir, chien, corps, croix, champ, chant, doigt, droit, faulx, fleur, fruit, gland, grand, jouet, jouir, mieux, punch, plaint, point, plomb, puits, plaie, sceau, saint, seing, trois, trait, tronc, vieux.

MOTS DE DEUX SYLLABES

Ai-gle, ab-bé, bu-se, bot-te, bou-le, bi-son, bar-be, ca-ge, can-ne, chaî-ne, cor-ne, cy-gne, dia-ble, din-don, fi-gue, flè-che, glo-be, la-me, ha-che, hy-men, jam-be, lan-ce, mer-le, pâ-te, pi-que, pi-pe, pom-me, pou-ce, pou-le, ro-be, ra-me, sa-bre, sin-ge, ta-ble, tasse, tau-pe, to-que, va-che, ves-te, zè-bre, on-gle, pei-gne,

MOTS DE TROIS SYLLABES

A-ra-be, au-tru-che, bou-teil-le, bra-ce-let, ca-ba-ne, ca-ni-che, car-ros-se, cas-quet-te, chan-del-le, che-mi-se, fe-nê-tre, fon-de-rie, fro-ma-ge, gi-ra-fe, per-ru-che, sau-va-ge, tu-li-pe, vio-let-te, vi-pè-re.

A a

ab, ac, ad, al, am, ar, as, au, az

EXERCICE

A-bri-cot, au-ro-re, a-gri-cul-tu-re, a-man-de,
a-voi-ne, al-lé-go-ri-que, a-mor-tis-se-ment,
ar-le-quin, as-tro-lo-gie, âne

B b

ba, be, bi, bo, bu

EXERCICE

Ba-lon, ba-ra-que, ba-teau, ber-ceau, be-so-gne, bas-sin, bre-tel-le, brio-che, bri-gand, bou-quet, hu-ret-te, bu-se

C c

ca, ce, ci, co, cu

EXERCICE

Cra-va-che, cor-don-nier, ci-go-gne, ci-vi-li-té, co-chon, com-mis-sion-nai-re, co-mi-que, cha-cal, cui-si-nier, che-val

D d

da, de, di, do, du

EXERCICE

Da-me, dé-bar-bouil-ler, dé-bon-nai-re, dé-goût,
di-man-che, dra-gon, dra-peau, do-ru-re,
du-cal, dy-nas-tie, dro-ma-dai-re.

E e

eb, ec, ed, el, em, en, er, es, et, ez

EXERCICE

Es-tur-geon, e-li-xir, es-car-mou-che, é-gyp-tien, en-cre, es-car-got, é-mo-tion, en-tre-pôt, é-pau-let-te, é-tu-de, é-lé-phant

F f

fa, fe, fi, fo, fu

EXERCICE

Fé-li-ci-té, for-tu-ne, fai-bles-se, fan-tas-ti-que,
fé-ro-ci-té, fla-con, fa-çon, fu-mée, fu-seau,
fri-mat, fem-me, fai-san

G g

ga, ge, gi, go, gu

EXERCICE

Gro-seil-le, gi-got, guil-lau-me, gou-jon, ga-zon, gre-na-de, ge-nou, gé-ant, gen-til, gi-let, glo-rieux, gri-ve, ga-zel-le, go-ë-land

H h

ha, he, hi, ho, hu

EXERCICE

Her-be, hi-ron-del-le, har-mo-nie, ha-bi-ta-tion, ha-che, hêtre, hi-ver, hom-me, his-toi-re, hol-lan-de, hy-po-crite, hyè-ne

I i

il, im, in, ir, is, it

EXERCICE

I-si-do-re, i-dé-al, im-pri-me-rie, in-ten-dan-ce,
in-di-go, in-sec-te, in-di-gent, in-dus-tri-el,
in-dien, ir-ré-vo-ca-ble-ment, i-bis

J j

ja, je, ji, jo, ju

EXERCICE

J a-cob, jas-min, ju-ge-ment, jé-sus, jam-bon, ja-ve-lot, jo-ail-lier, jouf-flu, ju-ri-dic-tion, jou-jou, jus-tine, ja-guar

K k

ka, ke, ki, ko, ku

EXERCICE

Ki-os-que, ki-ri-el-le, ki-lo-mè-tre, ka-o-lin, ki-lo-gram-me, kan-gu-roo

L l

la, le, li, lo, lu

EXERCICE

La-bou-reur, li-vre, li-las, li-mi-tro-phe, li-è-vre,
lon-gue-ment, lu-zer-ne, lu-ne, lé-o-pard,
lun-di, lu-mi-naire, li-on

M m

ma, me, mi, mo. mu

EXERCICE

Mar-quis, ma-gni-fi-que, mou-che, man-do-li-ne
me-lon, mar-gue-ri-te, mu-si-que, ma-rin,
mé-nes-trel, me-su-re, mer-le

N n

na, ne, ni, no, nu

EXERCICE

Na-ta-tion, nar-bon-ne, na-vi-ga-teur, na-tal,
né-ces-sai-re-ment, né-ron, no-mi-naux,
nour-ri-ce, né-bu-leux

O o

ob, oc, ol, on, or, os, ot

EXERCICE

O-li-vier, o-bli-ga-tion, ou-vri-er, or-don-nan-ce, oi-se-leur, o-sier, os-ten-ta-tion, o-ra-ge, o-ri-ent, ou-bli, ours.

P p

pa, pe, pi, po, pu

EXERCICE

Pa-pier, pi-geon, par-don, pou-let, par-fu-meur,
pen-sion, pen-te-cô-te, pa-res-seux, per-se,
pau-vre-té, pa-pil-lon

Q q

qua, que, qui, quo

EXERCICE

Qua-dra-gé-si-me, qua-ran-taine, quar-te-ron, quin-cal-lier, qua-pac-tol

R r

ra, re, ri, ro, ru

EXERCICE

Ra-ci-ne, ré-glis-se, ré-com-pen-se, rou-le-ment, ré-son-nant, re-nard, res-tau-ra-tion, ro-sa-lie, ru-che, ren-ne

S s

sa, se, si, so, su

EXERCICE

San-glier, sau-mon, sa-ges-se, san-té, se-rein,
sé-na-teur, sil-lon, so-len-nel-le-ment,
su-jet, son-net, ser-pent.

V v

va, ve, vi, vo, vu

EXERCICE

Vin-cent, vi-gne, vac-cin, va-ga-bond, va-li-se,
ven-dre-di, ver-be, vê-te-ment, vi-an-de,
vé-su-ve, vi-tri-er, vache

X x

xa, xe, xi, xo, xu

EXERCICE

Xé-nie, xys-ti-que, xy-lon, xo-do-xin, xé-ra-sie,
xu-tus, xo-molt

Y y

ya, ye, yi, yo, yu

EXERCICE

Yo-ta-lo, yo-le, yt-tri-a yes-de-ger-di-que, ya-pock, ya-con

Z z

za, ze, zi, zo, zu,

EXERCICE

Za-gaie, zé-lan-dais, zè-le, zo-di-a-que, zi-i,
zé-ro, zé-phyr, zi-be-li-ne

PETITE
ENCYCLOPÉDIE
ILLUSTRÉE

DIEU.

Il était cinq heures du matin ; le soleil déchirant un nuage paraissait et s'élevait radieux dans le ciel.

Les oiseaux chantaient ; les arbres et les plantes, dégouttants de rosée, brillaient comme des pierreries, toute la nature était en fête :

Mon père, s'écria Justin, que c'est beau le le_

ver du soleil : il y a des sauvages qui adorent le soleil ?

Oui mon fils : ils prennent l'ouvrage pour l'ouvrier : l'horloge pour l'horloger. Mais nous, mon fils, ne ressemblons pas à ces ignorants ; remontons au créateur en admirant la création.

Essayer de prouver l'existence de Dieu, c'est vouloir prouver que le jour succède à la nuit ; que l'homme naît et meurt : ce que tout démontre n'a pas besoin de se prouver, les insensés seuls le nient.

Justin chercha une objection et il dit : cependant, mon père... — et son père reprit : — Si l'on te soutenait que ton habit s'est fait seul, tu ne le croirais pas : à qui pourrait-on persuader que cet admirable univers, cette merveilleuse création est seulement l'ouvrage du hasard. — Quoi ! le hasard ferait tous les ans à la même heure le soleil se lever au même point du firmament, la terre parcourrait toujours la même ligne, le hasard produirait toujours les mêmes effets, folie ! mon enfant !... Dieu est le créateur, le régulateur universel, adorons-le !

Adam et Ève.

Dieu est tout puissant :
Il a créé l'univers de rien. Il a parlé et la terre sortit du néant, et les astres resplendirent, et les vagues de l'océan vinrent expirer sur leurs bords qu'elles semblent vouloir engloutir. Les arbres et les plantes parèrent la terre, les animaux la peuplèrent et Dieu dit : que la terre soit féconde ; que les animaux et les plantes se multiplient.

Il voulut donner des maîtres à cette terre : il créa Adam et lui donna Eve pour compagne. Ils étaient beaux, ils ignoraient la douleur, et la terre leur fournissait sans travail tout ce qu'ils pouvaient désirer; ils ne devaient pas mourir et leur intelligence pure pouvait comprendre tous les mystères de la création.

Dieu ne leur avait fait qu'un seul commandement: Vous voyez cet arbre, leur avait-il dit, tout ce qui vous entoure vous appartient; mais je vous défends de toucher au fruit de cet arbre. Si vous y touchez, vous mourrez. Lucifer, un ange rebelle à Dieu, jaloux du bonheur de l'homme, prit la figure du serpent, et dit à Eve : Si tu mangeais de cette pomme, tu serais semblable à Dieu. Eve se laissa aller à l'orgueil, elle oublia la reconnaissance, et volontairement elle désobéit: elle prit une pomme et persuada à Adam d'en manger. Le mal entra dans le monde. Dieu les chassa du paradis terrestre, et leur dit: maintenant la terre ne vous donnera votre nourriture que par le travail, vous serez sujets à la douleur, à la vieillesse, et vous mourrez. Et comme vous n'avez que cela: voilà l'héritage de vos enfants. Mais je vous promets un Sauveur.

Déluge.

Les premiers enfants d'Adam furent Caïn et Abel.

Abel était bon et reconnaissant, Dieu l'aimait : Caïn était dur et ingrat, il n'aimait pas Dieu, mais il eût voulu en être aimé ; au lieu d'imiter les vertus de son frère, il le tua.

Et puis, pris de vertige, il s'enfuit avec sa femme et ses enfants. L'insensé ! il voulait fuir Dieu qui est partout, sa conscience qui était en lui-même.

Ses descendants furent corrompus. Dieu avait

donné Seth à Adam pour remplacer Abel, et les descendants de Seth finirent par se pervertir à l'exception de Noé et de sa famille.

Dieu appela Noé et lui dit : j'ai résolu de détruire tous ces méchants ; mais je veux que tu vives : fais une grande maison en bois qui puisse aller sur l'eau, renfermes-y un couple de tous les animaux et puis fais y entrer tes trois fils et leurs femmes, et j'anéantirai la race impie qui couvre la terre.

Noé exécuta les ordres du Seigneur. Alors une pluie torrentielle et sans intervalle vint inonder la terre, et tous les hommes et tous les animaux périrent.

Quand Noé sortit de l'arche il offrit un sacrifice à Dieu, et Dieu fit apparaître un arc-en-ciel en signe de réconciliation avec les hommes.

La terre fut repeuplée par les enfants de Noé, Sem, Cham et Japhet, et par les animaux que Noé avait conservés dans l'arche. Les animaux antédiluviens dont on retrouve les ossements sont ceux que Noé n'avait pas mis dans l'arche.

Les tables de la loi.

Les descendants de Noé d'abord furent fidèles à Dieu. Mais peu à peu ils oublièrent par quelle bonté ils avaient été préservés du déluge universel, ils perdirent le souvenir du vrai Dieu: au-lieu d'interroger leur conscience dans laquelle la loi était gravée, ils se firent des dieux qui toléraient les vices ; et, à l'exception d'un petit nombre d'hommes qu'on nomme les patriarches et dans les familles desquels resta la pure tradition, tous les hommes abandonnèrent le vrai Dieu.

Les juifs ou israélites, descendants des patriarches, étaient captifs en Egypte. Moïse que Dieu avait choisi pour être leur libérateur était un homme plein de l'esprit de Dieu : il avait tant de vertus qu'on a oublié de parler de son génie. Dieu le fit monter sur le Mont-Sinaï et lui dicta sa loi, cette loi qu'il avait écrite dans le cœur de tous les hommes et que pourtant ils avaient oubliée. Voici cette loi qui était gravée sur la pierre :

1. Je suis le vrai Dieu, tu n'adoreras point d'autres dieux que moi.

2. Tu ne jureras point le nom de Dieu en vain.

3. Tu sanctifieras le jour du sabbat.

4. Honore ton père et ta mère pour que tu vives longtemps sur la terre.

5. Tu ne tueras point.

6. Tu ne commettras point d'adultère.

7. Tu ne déroberas point.

8. Tu ne porteras point de faux témoignage.

9. Tu ne désireras une femme qu'en mariage seulement.

10. Tu ne désireras point posséder injustement les biens du prochain.

Naissance de Jésus.

Dieu avait promis un Sauveur : Des hommes inspirés de Dieu et qu'on nomme prophètes l'avaient annoncé ; Octave Auguste régnait. Rome était maîtresse du monde, la terre était en paix et semblait attendre un grand événement.

Un ange fut envoyé à une vierge d'Israël, il lui annonça qu'elle avait trouvé grâce devant le Seigneur, qu'elle enfanterait un fils qui serait nommé Jésus.

Marie était mariée à Joseph de la tribu de Juda comme elle. César Auguste ayant ordonné le dénombrement des sujets de l'empire romain, Joseph et Marie vinrent à Bethléem, le berceau de la race de Juda. L'affluence était si grande que Marie ne trouva place que dans une étable, et ce fut là qu'elle mit au monde un fils ! le fils de Dieu qui pour sauver le monde s'était revêtu de la nature humaine.

Il naquit dans une étable, mais des anges annoncèrent sa naissance à des bergers. Des mages de l'orient furent avertis de sa naissance par une étoile miraculeuse, ils vinrent l'adorer et annoncèrent un roi à Hérode, qui ordonna le massacre de tous les enfants qui avaient moins de trois ans. Mais un ange avait prévenu Joseph, qui s'enfuit en Egypte avec la mère et l'enfant.

Joseph ne revint en Judée qu'à la mort d'Hérode ; il était charpentier, à Nazareth, et le fils de Dieu vivait obéissant, travaillant comme un homme obscur, jusqu'au moment choisi par son Père, pour publier la doctrine qui devait renouveler la terre et accomplir le divin sacrifice qui devait sauver les hommes.

Mort et résurrection de Jésus.

Quand Jésus eut trente ans, il commença à enseigner sa doctrine qui peut se résumer dans une simple phrase : Faites aux autres ce que vous voudriez qu'on vous fît à vous-même. Il confirma la vérité de sa doctrine par ses exemples et ses miracles. Pendant trois ans il émerveilla la Judée par la sublimité de sa doctrine, il se nomma douze apôtres ; et puis il institua la communion : il annonça sa mort, il désigna le traître qui devait le trahir, et se rendit au jardin où il allait être livré.

Il fut garroté, trahi, abandonné, renié, souffleté, crucifié entre deux voleurs. Il souffrit volontairement toutes les douleurs morales et physiques pour nous racheter l'héritage que la faute de nos pères nous avait enlevé.

Le troisième jour après sa mort, ainsi qu'il l'avait prédit, il ressuscita par sa propre force. Il est dans le ciel d'où il viendra juger tous les hommes.

Jugement universel.

Jésus dans le ciel prie pour nous, il offre éternellement le sacrifice qu'il a consommé sur la terre, et au dernier jour nous comparaîtrons devant lui pour rendre compte de la vie qu'il nous a donnée pour acquérir la vie éternelle. L'homme n'a point pour but la vie de la terre que personne ne peut conserver, mais la vie éternelle que Jésus lui a acquise à condition qu'il suivra sa doctrine. La vie n'est pas un but, mais un moyen.

Baptême.

Le baptême nous fait chrétiens, enfants de Dieu et de l'Église, il efface la tache du péché originel, il nous rend les héritiers du ciel que Jésus-Christ nous a conquis. Mais nous renonçons au péché et à la vanité du monde pour suivre la loi de Jésus-Christ.

Confirmation.

La confirmation est un sacrement qui nous donne la force de confesser sans crainte la foi que nous professons. Sans force il n'y a point de vertus. La confirmation est donc nécessaire, car nous avons besoin de force pour vaincre notre penchant à l'égoïsme, nous qui devons aimer le prochain comme nous-même et Dieu plus que toutes les choses de ce monde.

Pénitence.

Si l'homme pécheur ne rentrait pas en lui-même, il continuerait à pécher. Si l'homme repentant ne trouvait pas dans son repentir un pardon, il serait trop malheureux : mais Jésus dans sa bonté a institué le sacrement de pénitence et le pécheur est averti : l'homme repentant reçoit l'absolution, quand à son repentir il joint la satisfaction, car le voleur aura beau se repentir, s'il garde le vol il n'a point de pardon.

Communion.

Dans l'Eucharistie nous recevons le corps et le sang de Jésus-Christ, il devient une partie de nous-mêmes, nous devons devenir semblables à lui.

Si l'on sentait la grandeur de ce sacrement, on comprendrait que cette union avec Dieu, avec nos frères, nous rend tous solidaires les uns envers les autres, et que cette divine institution est le lien d'amour du ciel avec la terre.

Extrême-Onction.

Quand les hommes ne peuvent plus rien pour nous, l'Église n'abandonne pas ses enfants: Elle vient par sa dernière onction demander à Dieu la cessation des souffrances ou la grâce de bien mourir. Elle donne ou la force du corps, ou la force de l'âme. C'est notre dernière consolation, et l'homme qui a bien vécu en sentant ses dernières onctions au moment extrême, quand tout va nous abandonner, se sent rempli de courage et de force. C'est dans les bras de Dieu, dans les mains de l'Église qu'il laisse sa dépouille mortelle et son âme s'élance vers le ciel.

Ordre.

Jésus-Christ institua Pierre chef des apôtres, les apôtres se choisirent des successeurs, et l'Ordre est le sacrement qui institue ces successeurs. Ils administrent les sacrements, prêchent la doctrine divine, offrent le divin sacrifice, propagent les lumières de l'Évangile, consolent les affligés, secourent le pauvre, instruisent l'ignorant; ils sont le bras du faible et le pied du boiteux.

Ce sacrement a un caractère sacré; celui qu'il a consacré l'est pour toujours : rien ne peut effacer ce caractère.

Mariage.

Ce sacrement est le lien de la société, c'est la famille sanctifiée. Jésus-Christ a élevé ce lien à la dignité de sacrement pour le rendre plus respectable; pour que l'homme regarde sa femme comme une partie de lui-même; qu'il l'aime, la respecte parce qu'elle est faible.

La femme doit obéissance et douceur parce que l'homme plus fort et plus instruit doit diriger: et tous deux ne doivent avoir qu'un cœur et une âme pour élever leurs enfants dans l'amour de Dieu et le respect de sa sainte loi.

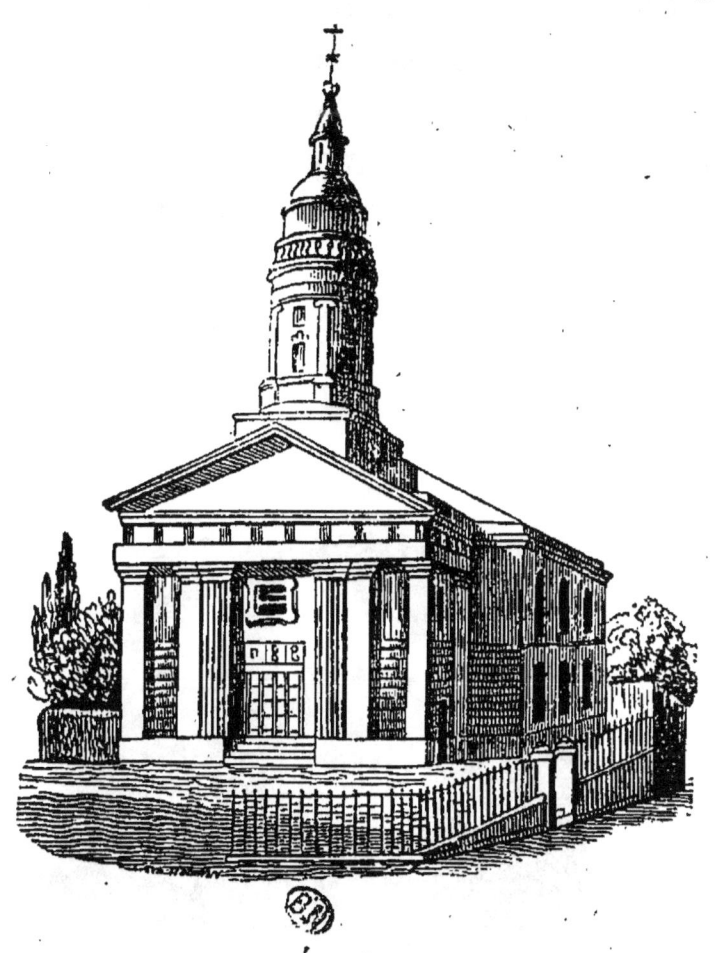

Église.

Dieu est partout : il remplit l'univers, mais il a voulu qu'une maison lui soit consacrée, et Jésus-Christ a voulu l'habiter corporellement. Il est là, il attend nos hommages, il est notre protecteur ; c'est là que nous allons lui demander secours, courage, espoir, persévérance ; il nous console, il parle à nos âmes.

Oh ! sans la maison de Dieu où irait l'homme sans consolation ? la mère qui a perdu son fils ? l'homme brisé par les vicissitudes du monde ? Dans votre maison, ô mon Dieu ! toutes les douleurs trouvent un refuge, tous les malheurs une espérance.

Religion.

L'Évangile de Jésus-Christ a renouvelé la face de la terre. Les faux dieux sont tombés, leur culte impie a disparu. Le christianisme a brisé les chaînes de l'esclave, il a rendu à la femme sa dignité; il a fait pénétrer la justice et l'humanité dans les lois. La religion catholique a ouvert ses temples à tous les hommes; ses hopitaux aux malades, ses écoles aux ignorants; elle pénètre avec la sœur de charité dans la mansarde de l'ouvrier, dans la cabane du pauvre, dans la prison du criminel, et le prêtre le suit jusqu'à l'échafaud. Sainte religion! vous êtes la consolation de l'homme sur la terre, et vous lui préparez une couronne dans le ciel.

Mère.

Le cœur d'une mère est un chef-d'œuvre d'amour : Elle aime son enfant avant qu'il ait vu la lumière. Il naît, elle donnerait sa vie pour ce petit être qui ne peut ni l'aimer, ni lui rendre ses caresses. Elle veille près de son berceau, le nourrit de son lait, lui apprend à connaître, à prier Dieu, à chérir la vertu; sa vie est un dévouement continuel.

Oh! combien sont ingrats les enfants qui n'aiment pas leurs mères, et qu'ils sont malheureux!

Jeune garçon.

Il veut tout voir, tout comprendre, tout sentir. Son esprit et son corps sont toujours en mouvement.

Il court, il nage, il danse, il étudie, il se bat, et tout cela avec la même énergie. Tout est vie en lui.

Un jour il pensera: maintenant il sent. Avide de sensations nouvelles, il s'expose au danger; il veut voir s'il connaîtra la peur. Cependant la voix de sa mère le retient: il aime, il étudie pour apprendre, apprendre c'est du nouveau, et il voudrait tout savoir. Ce sera un homme.

École.

Si l'on s'amusait toujours, le jeu ne serait plus un plaisir.

Qui ne se rappelle avec bonheur cette grande salle où il apprit à lire, à écrire, où il reçut les premières louanges ; les chagrins mêmes de l'école en vieillissant nous semblent des plaisirs.

Mais à tous les âges la distribution des prix reste un jour solennel ; cette première gloire de l'enfance et de la jeunesse reste au fond de notre cœur comme un pur et doux souvenir.

Jeux enfantins.

Les jeux de l'enfance sont variés comme les inclinations de cet âge. Pendant que la jeune fille fait la robe de sa poupée, son jeune frère fouette sa toupie, l'autre se balance dans une escarpolette, un plus grand joue de la flûte, et les plus petits jouent à la corde. Tandis que sous un berceau ceux-ci jouent à la main-chaude, ceux-là à colin-maillard, les autres organisent une partie de barres, et ceux que la course a lassés jouent à placer le mot aux propos discordants ou même au corbillon.

Etude.

Si nous savons profiter du temps heureux de l'école, nous prenons l'habitude de l'étude.

Heureux celui qui aime l'étude; il ne s'ennuie jamais : il classe dans sa mémoire ce qu'il vient d'apprendre, il devine ce qu'il n'a jamais appris, il se perfectionne dans l'écriture, il retrace sur le papier ce qu'il a vu en étudiant le dessin. Ou il s'exerce à reproduire sa pensée en l'écrivant : sa pensée qui d'abord obscure devient nette et claire. Sans l'étude on ne sait rien bien, on n'est qu'une machine montée par un maître.

Récréation.

L'esprit acquiert par l'étude, mais il se tend, et si le corps a besoin de repos, l'esprit éprouve la même nécessité.

Le religieux dans son monastère, le soldat dans sa caserne, la jeune fille dans sa pension, la religieuse dans son couvent, tous ont des récréations.

Plus elles sont simples, plus elles font de bien; une promenade, une course au but, le jeu de la corde, celui du volant, une lecture amusante, un conte dit par une bonne mère délasse l'esprit et le rend plus propre au travail. Amusons-nous assez pour bien travailler.

Repas.

Remercions Dieu, qui des nécessités de la vie a fait un plaisir.

On appelle à table, et tout le monde accourt avec plaisir. Une nappe bien blanche, ou une table bien cirée, un service bien propre excite l'appétit.

Le talent de la jeune fille a su parer la table, la maîtresse de maison sait faire préparer chaque mets: elle sait le rendre meilleur, plus confortable, ou plus léger suivant les convives.

L'homme préfère les viandes fortes et la venaison; les femmes la volaille, le gibier et les confitures.

La sobriété doit toujours présider aux repas, elle entretient les forces et conserve la santé.

Cave.

Le jeune homme, la jeune fille ne s'inquiètent guère de la cave; le vin est fait pour le vieillard, il le réchauffe, il le ranime; quand dans la jeunesse on n'en a fait qu'un usage nécessaire, il devient un remède pour la vieillesse.

Le vin est un des bienfaits de la Providence. L'Ecriture-sainte en fait la remarque; mais elle ajoute que celui qui abuse des bienfaits de Dieu, y trouve le malheur et souvent la mort.

Voyez cet homme qui jeune encore a l'air d'un vieillard, dont les mains tremblent, et dont les paroles semblent si souvent dépourvues de sens, c'est un homme qui a fait abus de la cave, c'est un ivrogne. Passons!

Sommeil.

Le travail, l'étude, les récréations lassent. L'homme a besoin d'un repos absolu, et Dieu lui envoie le sommeil : Le doux sommeil au juste, l'insomnie ou le sommeil agité au coupable.

On a dit que le sommeil était l'image de la mort, et cependant la mort est effrayante à voir et le sommeil fait plaisir à contempler.

L'ange que Dieu a fait le gardien de notre âme, éloigne les réminiscences douloureuses, il nous berce de douces pensées, et le sommeil adoucit la souffrance, fait oublier le malheur, et donne la force au travailleur.

Lecture.

La lecture est une des plus douces, des plus utiles, ou des plus dangereuses occupations.

Si vous lisez des livres utiles vous vous instruisez ; vous apprenez à penser ; vous étudiez vos passions pour les vaincre, votre caractère, pour le réformer.

Craignez les mauvais livres : à votre insu ils vous pervertissent ; à force d'entendre de fausses maximes, elles ne font plus horreur.

Mais que de belles choses vous pouvez lire : l'histoire avec ses enseignements ; les poëtes qui élèvent l'âme, les moralistes qui nous disent nos défauts, qui nous les montrent ridicules pour nous en faire rougir, ou monstrueux pour nous en faire horreur. Et les livres religieux qui nous consolent et nous apprennent à mériter le ciel.

Mode.

Une mode fût-elle adoptée par tout le monde, si elle est indécente ne doit jamais être suivie par vous. Le bon goût consiste à savoir choisir la mode qui vous sied.

Cette petite femme toute chargée de parures n'est pas à la mode, elle est ridicule. Cette grande femme avec ce si petit chapeau manque de goût, une mise simple et sans affectation indique le bon sens et la grâce.

Promenade.

De toutes les récréations aucune n'est si douce que la promenade.

Quel bonheur de respirer un air pur, d'admirer la beauté de la campagne! plus près de la nature, l'homme se sent plus près de Dieu. Chaque fleur est une merveille, chaque plante un bienfait, malheur à l'homme indifférent qui voit sans y penser les innombrables merveilles de la création!

La femme qui se promène pour voir les chapeaux et pour montrer sa robe, a le cœur et l'esprit vides, la vanité seule l'occupe. Dans la belle campagne elle ne voit pas l'œuvre de Dieu, et dans un beau jardin elle n'admire pas le génie de l'homme.

Conversation.

L'art de la conversation est difficile à acquérir, les jeunes gens ne peuvent qu'en prendre des leçons.

Écouter d'une manière gracieuse, essayer de saisir le sujet qui intéresse, en faire parler, voilà ce qui rend véritablement aimable.

Ne ressemblez pas aux personnes qui croient se rendre agréables en parlant sans cesse, et qui, s'il y a quatre personnes, font deux conversations; ces gens-là ne savent pas écouter, ils ne savent pas causer, ils parlent.

La modestie et la simplicité doivent surtout distinguer une jeune fille, elle doit craindre les phrases, les grands mots, et ne doit jamais raconter ses impressions sous peine de ridicule.

Musique et chant.

La musique est de tous les arts, le seul connu et cultivé chez tous les peuples.

L'homme barbare comme l'homme civilisé est sensible à l'harmonie. Il accompagne ses chants incultes avec des instruments grossiers, mais enfin il s'accompagne.

La musique adoucit les mœurs, c'est un lien de société.

Cultivez ce talent : La voix humaine est au-dessus de tous les instruments.

On appelle musique vocale la musique chantée ; et musique instrumentale, celle produite par des instruments.

Si vous savez chanter ne vous faites pas prier pour le faire, c'est une habitude très-commune, mais fort ridicule.

Bal.

La danse est un exercice gracieux, mais l'amour de la danse devient une folie chez quelques jeunes gens.

Oh! combien j'en ai vu mourir de jeunes filles! Tout ce qui devient passion est mal, tout ce qui fait sacrifier un devoir est dangereux.

Amusez vous avec convenance; dansez devant vos parents avec modestie, sans faire trop de frais pour votre toilette; dansez pour vous récréer sans passion, sans vanité, et la danse ne vous fera aucun mal.

Mais l'amour du bal, des recherches de la toilette, de ces danses folles qui enlèvent à une femme toute espèce de dignité, c'est un malheur; c'est la ruine de la fortune et de la santé.

Escrime.

Un jeune homme doit apprendre l'escrime, il faut qu'il sache se défendre, pour n'être point attaqué.

Méprisez le ferrailleur qui veut à chaque instant demander à son adresse la conservation de sa vie, et qui s'habituant à ces luttes provoque celui qui y est inhabile. C'est un assassin, il lutte avec un ignorant et prend la vie de celui qui ne peut la défendre.

Soyez habile : mais réservez votre talent pour défendre votre patrie, employer votre adresse à sauver les incendiés, le malheureux qui se noie.

Et rappelez-vous que le temps des luttes à coups d'épée est passé ; un coup d'épée pourra tuer un homme, mais s'il a été donné par un menteur, après le coup d'épée le mensonge n'existera pas moins. Seulement le menteur sera de plus assassin.

Art de monter à cheval.

Il est utile et agréable de savoir monter à cheval. La gracieuse amazone déploie ses grâces fières: un jeune homme montre sa force et son adresse.

Plaisir des rois, plaisir de gentilhomme, plaisir du sauvage! le cheval a été donné à l'homme comme un divin présent: il double sa force, il décuple sa vitesse, il est sa joie dans le bonheur et souvent son sauveur quand des ennemis le poursuivent.

L'arabe chérit son cheval, et le cheval donne sa vie pour son maître.

La pêche.

Silence! cet homme pêche, il lui faut un calme profond, et cependant c'est quelquefois le même homme qui quelques jours avant, accompagné d'un meute bruyante, faisait retentir les échos du son d'un cor retentissant. C'est que pour chasser en forêt il faut troubler le calme des bois, et pour pêcher il ne faut pas troubler le calme des eaux.

Le pêcheur ne pense pas, il attend: s'il croit sentir mordre à l'hameçon son cœur tressaille, et un goujon le rend heureux.

Mais il a senti une secousse, c'est un poisson fort et hardi qui a enlevé l'hameçon, le pêcheur sans se décourager en remet un autre. La pêche est une œuvre de patience.

Le jeu.

La passion la plus dangereuse pour un jeune-homme est celle du jeu.

Le dupé est ridicule, le fripon est méprisable.

Un homme qui se laisse aller à cette funeste passion devient bientôt un joueur de profession, peu à peu le sentiment de l'honneur s'obscurcit dans son esprit: il perd toute sensibilité, toute générosité, il triche: c'est un voleur. Une femme joueuse, c'est pis encor! La femme qui veut conserver l'estime ne doit jamais jouer que peu, et jamais avec un vif désir du gain.

Arts et Sciences.

Les connaissances humaines se divisent en arts et en sciences.

On nomme art toutes les connaissances qui exigent le secours des mains. Le dessin, la peinture, la sculpture, l'architecture, etc.

On donne le nom de sciences aux connaissances qui ne s'adressent qu'à l'esprit : la grammaire, les mathématiques, etc.

Vous remarquerez que dans tous les arts il y a la partie de la science. La science du peintre est dans la pensée de son tableau, dans l'expression du portrait. L'âme doit toujours tout dominer. Le corps exécute, mais la pensée seule conçoit.

Les jouissances que la culture des arts procure à l'homme sont à la fois les plus nobles et les plus vives qu'il puisse goûter sur la terre.

Peinture.

Le premier de tous les arts est celui de la peinture. La nature entière est son domaine. Le paysagiste nous transporte à son gré d'un site sauvage, aux bords riants et cultivés de la Seine. Dans les portraits il fait revivre nos aïeux, il nous rend présentes les grandes scènes de la religion, et la gloire des peuples illustres se retrouve sur ses toiles. Quels heureux moments procure ce talent ! il anime la solitude, le peintre avec ses pinceaux n'est jamais seul. L'Église catholique par le culte des images a conservé et sanctifié l'art de la peinture.

Cette heureuse influence de la religion sur

les arts se retrouve dans tous : les plus beaux ouvrages d'histoire et de poésie que nous ayons, sont ceux qu'elle a inspirés; les édifices les plus beaux qui ornent le sol de notre patrie, ont été élevés par des mains pieuses.

Sculpture.

Le sculpteur représente un héros, un saint en bois, en bronze, en marbre. Il faut un grand talent de dessinateur pour pouvoir faire une statue.

Les marbres de l'antiquité qui parent nos musées, sont admirables, et leur gloire a survécu à celle de leurs auteurs.

On appelle statues équestres celles qui représentent un homme à cheval. L'Église catholique a conservé l'art de la statuaire, en plaçant dans ses temples les statues des saints, sans cela au moment de l'invasion des barbares cet art eût disparu.

Architecture.

L'architecture est l'art de bâtir. Le maçon exécute ce que l'architecte conçoit : le maçon est à l'architecte ce que l'imprimeur est à l'auteur.

Le dessin et la sculpture entrent dans le talent de l'architecte, c'est à l'architecture qu'on doit les monuments qui font la gloire des cités :

Les églises, les palais, les colonnes, les pyramides, les obélisques, les arcs de triomphe : tous ces monuments que l'art ancien connaissait déjà, mais nous y ajoutons les gares magnifiques de nos chemins de fer, et nos admirables usines.

Il y a plusieurs ordres d'architecture ; c'est à dire différentes manières de composer l'ensemble et les détails d'un monument; l'étude de ces différentes manières est un grand plaisir pour l'homme instruit.

Sciences naturelles.

On appelle ainsi l'astronomie, la physique et la chimie.

L'astronomie enseigne à connaître le mouvement des astres, elle guide le navigateur au milieu du vaste océan, elle apprend le moment du renouvellement des saisons.

La physique nous apprend de quoi se compose l'air, la lumière, tout ce qui nous entoure. La chimie décompose les corps, elle nous enseigne à distinguer les plantes utiles des poisons.

Dans ces derniers temps la physique et la chimie ont fait des progrès immenses; c'est à ces sciences qu'on doit les chemins de fer, les bateaux à vapeur, les télégraphes électriques; la science a effacé les distances.

Guerre.

Pour vivre en paix, il faut être prêt à la guerre.

De cette triste nécessité est né l'art de la guerre.

L'armée se divise en infanterie, en cavalerie, et en artillerie.

Toutes les sciences, surtout les sciences mathématiques, sont nécessaires au militaire. Celui qui se destine à cette profession doit donc s'exercer à ces sciences. Pour réussir dans cet état, il faut : de la justesse dans l'esprit et dans le coup d'œil ; de la promptitude dans l'exécution, de l'obéissance à la discipline militaire, du courage, de la force corporelle, et le sentiment de l'honneur à un haut degré.

Commerce.

Chaque pays a ses productions particulières; sans le commerce pendant que quelques pays ne mangeraient que des poissons, les autres se nourriraient de légumes, ceux-ci de bœufs, et ceux-là de moutons, tandis que les autres ne récoltent que du sucre et du café. Le commerce va dans tous les pays du monde, il porte à chacun ce dont il a besoin, et reçoit de lui ce qu'il a de trop.

C'est le lien social, celui qui doit un jour du monde entier former une seule famille. Mais sans la religion, sans le sentiment de l'honneur dans la probité, le commerce ne réussit jamais.

Navigation.

Jamais rien n'a prouvé avec autant d'éclat le génie de l'homme que l'art de la navigation. La boussole fut découverte à la fin du treizième siècle, par un florentin, nommé Flavio : jusquelà l'homme n'osait s'abandonner à l'immensité des mers : quand il eut la boussole, il découvrit un nouveau monde. En 1492, Christophe-Colomb découvrit l'Amérique, mais depuis que par un prodige l'homme a pu calculer la force de la vapeur, il a pu malgré le calme traverser les mers, il a dompté la nature.

Agriculture.

Le premier des arts, le plus utile est celui de l'agriculture.

L'agriculteur ensemence les différentes espèces de blés; il plante les forêts, les vignes et les vergers; il distribue les eaux pour arroser les prairies, il engraisse les bestiaux qui doivent nous nourrir, il tond la laine du mouton qui doit nous vêtir; il élève et soigne l'abeille qui nous fournit le miel pour nos gateaux, la cire qui nous éclaire. C'est à cet art que nous devons la nourriture, les vêtements et la lumière. Noble et utile profession qui entretient toutes les vertus, et qui devrait être étrangère à tous les vices.

Printemps.

Le printemps est la saison de l'espérance puisque c'est celle des fleurs.

Les arbres, les plantes, les herbes, tout se couvre de fleurs. L'oiseau fait son nid, la poule couve ses petits, le petit agneau bondit. La terre étoile son beau tapis vert, le ciel a des teintes rosées, la mer caresse doucement le rivage. Le papillon vole, le hanneton bourdonne, l'enfant, joyeux sans savoir pourquoi, chante avec les oiseaux l'hymne de la reconnaissance. L'homme des villes est souvent ingrat, il est si loin de la nature.

Été.

Le soleil a doré nos moissons, l'épi a tombé sous la faucille, le raisin se colore, un essaim d'abeilles a quitté la ruche. Les couleurs tendres des fleurs du printemps sont remplacées par les couleurs plus vives de celles de l'été. Les bois ont de nouveaux hôtes. Le soleil est ardent, et la mer est tiède. Les meules de foin s'élèvent. La prune et l'abricot remplacent sur les tables la fraise odorante, et la cerise, fruit favori du moineau voleur.

Alors les douleurs des riches naissent: ils vont aux bains chercher la santé, ou le plaisir. La villageoise met ses beaux atours, et va à la fête du village voisin.

Automne.

Le printemps promet : l'automne apporte : les moissons rentrent dans les granges. Le vin fermente dans les cuves, c'est la plus riche saison de l'année, et cependant le printemps est plus gai, l'espérance est la plus grande joie de l'homme sur la terre, car aucune richesse, aucune joie ne peut contenter ce cœur créé pour les joies du ciel.

L'automne a sa couronne d'or, le printemps sa guirlande de primevères, et l'été ses épis et ses coquelicots : à chaque saison sa fleur, sa joie et ses plaisirs.

Hiver.

C'est la saison triste et froide, mais elle n'est pas sans charme. Un bon feu, quelques amis qui l'entourent, une douce causerie, une lecture à haute voix, la vieille romance, le conte de la voisine, tout cela c'est du plaisir.

Mais les salons des riches s'éclairent, l'archet brillant a fait vibrer les cordes des violons, et la jeunesse dorée s'élance à la danse... N'enviez pas ces fêtes, vous qui n'y prenez pas part; sous plus d'une couronne il y a des épines : mais pensez qu'elles animent le commerce, font vivre l'artisan et le marchand.

Vous riches, n'oubliez pas le pauvre qui a froid et faim... Dieu vous le rendra.

passions le dominent, il n'a pas de vertus. C'est la girouette de ses désirs.

La vie et les exemples des grands hommes, nous encouragent dans le bien. Une noble émulation s'empare de nos âmes, et nous excite à suivre le chemin de la vertu.

Quand tout le monde se livrerait au vice, l'exemple ne doit pas vous entraîner. Noé et sa famille furent seuls sauvés du déluge. La quantité des coupables ne les sauva pas.

La tempérance est une vertu qui nous fait dominer nos passions, nos désirs, et soumettre notre volonté au devoir.

La sobriété est une vertu qui soumet nos appétits à la règle. Un homme sobre vit plus longtemps, plus instruit, plus considéré, et plus heureux qu'un homme sans sobriété.

Un homme très-bon est toujours poli.

La politesse est un sentiment humain. L'homme sans politesse a un défaut de cœur.

L'homme méchant n'a que les formules de la civilité.

Ne soyez point ce qu'on appelle un bon garçon : c'est-à-dire un être soumis aux influences des camarades : ces gens-là ne sont ni bons, ni méchants, ils ne sont d'abord que des reflets ; jusqu'au moment où ils deviennent vicieux.

Le courage consiste surtout à vaincre ses passions, la souffrance, la paresse. Ne confondez pas le courage et la bravoure, le brave va au devant du danger. Un soldat est brave. Celui qui se laisse couper la jambe est courageux, celui qui travaille consciencieusement est courageux. Les français sont braves, soyez courageux.

Craignez la colère, cette hideuse passion qui change l'homme en bête féroce. Dieu a donné à l'homme la raison pour dominer ses passions; à l'instant qu'il se laisse entraîner par celles-ci, ce n'est plus qu'un animal.

www.ingramcontent.com/pod-product-compliance
Lightning Source LLC
Chambersburg PA
CBHW070243100426
42743CB00011B/2116